DE L'ALGÉRIE

PAR RAPPORT

A UNE NOUVELLE GUERRE EN EUROPE

ET PAR RAPPORT

A SON AVENIR

> Il peut être tiré cent mille coups de canon en Afrique, on ne les entendra pas en Europe.
> LOUIS-PHILIPPE.
> (*Histoire de Dix Ans*, par LOUIS-BLANC.)

CONSTANTINE

IMPRIMERIE ET LITHOGRAPHIE DE Ve GUENDE, PLACE DU PALAIS

1860

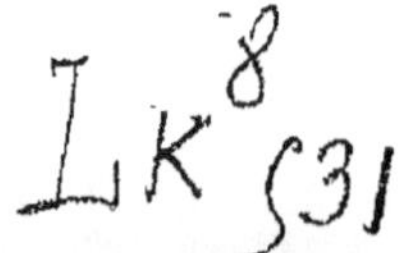

TIMBRE
CONSTANT
À TIMBRER

DE L'ALGÉRIE

PAR RAPPORT

A UNE NOUVELLE GUERRE EN EUROPE

ET PAR RAPPORT

A SON AVENIR

—

> Il peut être tiré cent mille coups
> de canon en Afrique, on ne les
> entendra pas en Europe.
> LOUIS-PHILIPPE.
> (Histoire de Dix Ans par
> Louis Blanc.)

Considérations générales.

—

Les sérieuses préoccupations politiques du jour paraissent avoir comme étouffé, — et plaise à Dieu que ce soit pour longtemps, — les mesquines criailleries de clocher que faisait naître parmi nous, il y a si peu de jours encore, la lutte passionnée de deux systèmes rivaux d'administration algérienne, entre lesquels, comme l'âne de Buridan, le pauvre colon reste bouche béante et attend toujours..... Jamais, cependant, cette question brûlante, insoluble, de la colonisation algérienne, — nœud gordien qui a défié jusqu'ici tant de mains réputées habiles, — n'a pu présenter un aussi grand intérêt qu'aujourd'hui, soit à cause des récentes inquiétudes jetées dans le commerce et l'agriculture par la formidable guerre d'Italie, inquiétudes qui ont été et sont encore aujourd'hui le véritable critérium d'une situation fausse, pénible, dont la colonisation se ressentira malheureusement bien longtemps; soit à cause de l'appréhension bien ou mal fondée, mais vive et profonde d'une nouvelle et peut-être prochaine guerre en Europe.

Qu'allons-nous devenir? Telle était l'inévitable question que s'adressait soucieusement chaque jour tout colon sérieux devant le départ de nos troupes pour l'Italie, départ qui, réduisant des deux tiers l'effectif de notre armée, mettait presque à néant le commerce interlope et pourtant si considérable des liquides frelatés ; il semblait,— conséquence plus grave,— se dresser comme une barrière infranchissable au-devant de ce qui pouvait encore rester des magnifiques espérances, fruit d'une aveugle confiance dans le fonctionnement d'un système d'administration trop exclusif, dont les premiers essais avaient été anéantis aussitôt que jetés dans le creuset de l'expérience.

Laissant de côté, pour un moment, l'examen des deux systèmes tout gonflés du plus regrettable antagonisme qui se sont disputé si longtemps le droit de primauté dans l'administration de notre belle colonie, nous allons rapidement examiner les conséquences funestes que pourrait avoir à notre point de vue, pour son avenir, une nouvelle guerre en Europe.

Loin de voir, comme on pourrait peut-être déjà le supposer, l'avenir de l'Algérie à travers le voile du pessimisme, nous sommes cependant entraîné à dire, quelque aveuglément confiant que nous soyons dans l'héroïsme de nos soldats et dans le succès de nos armes, qu'il eût pu survenir, la guerre d'Italie se continuant, telle crise politique qui, faisant mettre toute la France debout, aurait eu pour premier et inévitable effet, de créer les plus terribles embarras à l'Algérie, et peut-être, ce qu'à Dieu ne plaise, de mettre cette magnifique colonie dans une position à peu près analogue à celle où fut placée l'Égypte à une époque à jamais néfaste pour nous, et dans des circonstances de guerre qui auraient pu fatalement se reproduire. Mais est-ce à dire que parce que la vaillante épée de la France est généreusement rentrée au fourreau, laissant à la diplomatie l'insigne honneur de terminer, par des notes et des conférences, ce qu'elle a si glorieusement commencé, qu'il faille croire à une paix éternelle et prendre la houlette et le pipeau ? Hélas ! il suffit du moindre coup-d'œil jeté sur les événements extraordinaires qui se passent en Italie et sont comme l'enfantement lent et laborieux des libertés que ce noble pays veut conquérir ; il suffit de la moindre divergence pour craindre sérieusement que le terrible rôle de l'épée ne soit qu'interrompu.

Aurons-nous ou n'aurons-nous pas tôt ou tard la guerre avec l'Angleterre ? Telle est l'unique préoccupation du jour, l'énigme redoutable qu'un avenir prochain dévoilera sans doute, et qui nous paraît être le résultat logique et forcé d'une situation politique tellement tendue, que le moindre incident diplomatique peut tout bouleverser. Dans une alternative aussi périlleuse et d'où peuvent sortir les plus grosses tempêtes, l'esprit le plus calme et le moins prévenu contre nos puissants voisins d'outre-Manche ne peut, en se souvenant des perfides humiliations du passé, s'empêcher de douter de la sécurité de l'avenir. Fidèles à notre générosité native, à notre esprit de confraternité universelle, le grand et solennel pacte d'union conclu en 1854 entre la France et l'Angleterre, scellé quelques jours plus tard du sang des deux peuples sur le champ de bataille de la Crimée, ne peut être, ne sera jamais violé par nous-mêmes. Mais l'Angleterre qui, dans cette grande hécatombe humaine, se souvient de Balaklava et d'Inkerman, n'a peut-être de mémoire que pour détester, dans sa part de triomphe, ces deux faits glorieux où la main de la France lui fut si généreusement tendue. Et aujourd'hui que notre pays, placé déjà au sommet de la politique de l'Europe, a entrepris si récemment encore, aux acclamations de tous ses enfants, la régénération de l'Italie; que ce grand acte de réparation humaine, réclamé depuis si longtemps par la civilisation moderne, a été si glorieusement commencé par la puissante main d'un Empereur neveu de l'homme-géant qui fut *pendant vingt ans* l'épouvantail de l'Angleterre, peut-on ne pas craindre, avec raison, que la grande moisson de gloire recueillie par notre armée sur le sol péninsulaire, enflant la jalousie des Anglais envers nous proportionnellement à la somme d'influence qui, dans le concert politique de l'Europe, en est résulté pour la France, ne les porte à briser, un peu plus tôt, un peu plus tard, le lien fragile qui les unit encore à nous? Que le gouvernement de l'Angleterre soit whigh ou tory, libéral ou conservateur, le fond de la nation reste invariablement le même : anti-français par-dessus tout. Le drap peut avoir changé de nuance, mais il a conservé sa couleur; or, qui oserait assurer que la guerre entre ce pays et le nôtre ne parût aujourd'hui, au point de vue d'antipathie nationale qui les séparera toujours, la plus patriotique aux deux peuples? Qu'on veuille bien se souvenir de certain discours de lord Derby, sorte d'avertissement comminatoire, de rappel à l'ordre à l'intention de la France, en même temps qu'un cri d'alarme lancé à toute la vieille Angleterre! Devant de semblables considérations et des symptômes de rupture aussi graves, quels poids peuvent avoir, dans la balance des destinées politiques de la France et de l'Angleterre, d'aussi faibles indices d'entente que ceux d'une communauté de vue, purement accidentelle, à l'égard de l'Italie et de l'expédition de Chine? Si, sous tant de rapports, il peut suffire de la plus petite étincelle pour allumer le plus vaste incendie; si l'Angleterre, d'un autre côté, ne pouvant dévier, sous peine de ruine ou de mort, de la voie politique dans laquelle l'ont fatalement jetée depuis près d'un siècle ses envahissements coloniaux et qui consiste, dût-elle y user toutes ses forces, y jeter tout son or, à empêcher l'existence sur le continent d'une puissance sans contre-poids, telle qu'a été la France après Tilsitt, et qui, pouvant alors diriger toutes ses forces vives, toute son influence sur les autres nations vers un seul but, devient une menace terrible pour elle ! — Qui pourrait alors oser nier, dirons-nous, la possibilité de la guerre que nous signalons?

Le cadre que nous nous sommes tracé et une réserve commandée par les circonstances politiques du jour, ne nous permettant pas de développer les causes si nombreuses de dissidence qui, à notre sens, pourraient déterminer une si redoutable conjoncture pour les deux pays, nous demanderons qu'on veuille bien simplement nous accorder, sous tout bénéfice d'inventaire : que *cette guerre est au moins aujourd'hui dans les choses possibles.* Ce point admis, nous allons aborder la question de sécurité algérienne, premier but de ce modeste travail.

Première Partie.

I.

La longue et glorieuse guerre de Crimée et la guerre plus prompte et non moins glorieuse qui vient de se terminer si rapidement en Italie, ont clairement démontré que la France, lorsqu'elle a à défendre l'honneur de son drapeau sur quelque point que ce soit du continent, fait aussitôt un appel à son armée d'Afrique, dont elle tire, sans contredit, son principal élément de force et de succès. A n'être envisagée que sous le rapport de son utilité militaire, l'Algérie est donc déjà une terre précieuse, qu'il est de l'honneur et de l'intérêt de la France de préserver de tout péril. Or, a-t-il été pris sous ce rapport les mesures nécessaires à l'époque des

deux grandes guerres que nous venons de traverser?
Mais, va-t-on nous répondre, pas un Arabe n'a bougé,
aucune puissance du dehors ne nous menaçait. — D'accord. — Mais compte-t-on donc pour rien, à défaut de
révolte intérieure et de menaces du dehors, les transes
mortelles dans lesquelles ont vécu nos populations agricoles et urbaines pendant tout le temps qu'ont duré les
guerres de Crimée et d'Italie? Compte-t-on pour rien la
frayeur, le découragement qui, s'emparant alors d'un
grand nombre de familles établies dans nos campagnes,
les a fait refluer vers les villes du littoral ou pousser vers
la terre natale? Pour ne citer qu'un exemple entre
mille, des sourdes inquiétudes qui, à ces deux époques,
ont agité nos populations, nous avons encore présent
à la mémoire l'espèce de panique qui, en juin 1854,
s'était emparée de tous les habitants de Sidi-bel-Abbès,
par suite du départ de la légion étrangère, d'un luxe de
patrouilles de jour ordonnées par le commandant supérieur provisoire, et faites par des pelotons de spahis autour de la ville même, mesure superflue et qui, vu l'absence de tout danger réel, avait le singulier bénéfice
d'empêcher tous les habitants de dormir la nuit.

Nous n'avons pas eu en Algérie, pendant les guerres
de Crimée et d'Italie, plus de neuf à dix mille hommes
de troupe à mettre en campagne. Certes on peut dire,
sans trop s'écarter de la vérité, que s'il se fût alors présenté au peuple arabe quelques aventuriers assez adroits,
— et ils abondent dans ce pays de l'imposture, — pour
agir de concert sur le fanatisme religieux des masses,
un seul coup de fusil eût entraîné peut-être une insurrection, faible à son principe, mais dont le développement rapide ne pouvant être arrêté par nous, faute d'une
cavalerie suffisante, n'aurait pu être domptée à la longue par nos braves troupes qu'au prix des plus grands
malheurs, dont le moindre eut été un retard de dix ans

dans la marche de notre colonie. Que sera-ce donc si, raisonnant dans l'hypothèse d'une guerre avec l'Angleterre, nous voyons encore l'Algérie réduite à de si faibles défenses; si surtout nous voyons encore prendre si peu de mesures stratégiques pour prévenir ou faire face à d'imminents périls! N'oublions pas que l'Angleterre, par Malte et Gibraltar, est autant et plus que nous puissante dans la Méditerranée; qu'elle a déjà jeté dans cette mer une escadre de gros vaisseaux et peut envoyer en réserve, à Gibraltar, sans que nous puissions l'en empêcher, autant de flottes qu'elle voudra. Que la guerre éclate entre cette puissance et nous, ses premiers coups, on peut en être assuré, seront pour l'Algérie. Certes, si le danger pour notre colonie résidait tout entier dans les flottes anglaises, nous ne serions que médiocrement inquiets, la marine française étant assez forte aujourd'hui pour le conjurer; aux vaisseaux et aux marins de l'Angleterre, nous pouvons hardiment opposer nos marins et nos vaisseaux; à ses canons Armstrong réputés si terribles, nos redoutables canons rayés. Malheureusement, les boulets de l'Angleterre, quels que soient leur calibre et leur puissance de destruction, sont moins à redouter pour nous que l'effet toujours irrésistible de ses soyeuses bank-notes et de ses luisantes guinées....

Croyons-le bien, pour nous en souvenir plus tard: le danger, auquel, à notre point de vue particulier, nous osons croire en la personne d'Abd-el-Kader, entrera chez nous par la porte du Maroc..... (1).

Abd-el-Kader dangereux! Mais il est politiquement mort, va-t-on s'écrier! Autant vaudrait nous menacer

(1) Lorsque nous avons commencé à écrire ces pages, — abandonnées pour un moment, — l'insurrection des frontières marocaines n'avait pas encore éclaté. Qu'on ose se figurer ce qui serait advenu si, à ce moment critique, nous nous étions trouvés en guerre avec nos puissants voisins d'outre-Manche !

de l'ombre de Sésostris ou de Malek-Adel ! Puis n'a-t-il pas juré fidélité à Napoléon III ? Notre incrédulité nous empêche, hélas ! de partager cette grande confiance à l'endroit du fameux émir ; car eût-il, comme le héros de Salamine, renoncé à la vie politique, — ce que, pour notre compte, nous n'avons jamais pu croire malgré des serments que la violation du traité de la Tafna condamnerait à elle seule, si la raison du plus implacable fanatisme n'était déjà là pour nous convaincre, — l'or et les incitations de l'Angleterre venant en aide à la toute puissante influence qu'exerce son souvenir vénéré sur l'esprit fanatique des Arabes, réveilleraient bien vite son orgueilleuse ambition.

Devant la signification limpide de tels faits, est-il permis de croire qu'Abd-el-Kader ait tellement renoncé à son rôle politique et religieux qu'il ne sente, l'occasion aidant, se réveiller son ardeur de prophète, ou pour dire plus vrai, la dévorante ambition qui, pendant quinze ans, en a fait en Afrique notre plus redoutable ennemi ?...

II.

Partant de cette donnée : que la France et l'Angleterre, se trouvant vis-à-vis l'une de l'autre en état d'hostilité armée, il y a danger pour l'Algérie, nous croyons pouvoir assurer, en ne fixant qu'à vingt-cinq mille hommes, sur lesquels quinze mille de cavalerie, l'effectif des troupes qui, dans cette hypothèse, pourraient nous être laissées, et en augmentant l'artillerie de campagne, qu'il serait possible, par de judicieuses et promptes mesures, à l'aide du concours des milices et d'un commandement énergique, de parer avec de si faibles forces à tout danger sérieux. La guerre que nous supposons serait, croyons-le bien, implacable comme l'antipathie qui en aurait été le principe, et la France alors, pour la soutenir glorieusement, ne pouvant laisser en Algérie que le moins grand nombre possible de ses soldats, il nous faudrait suppléer au nombre par l'habileté et l'audace, pour ne pas être dévorés, deux cent mille Européens que nous sommes, par les deux millions d'Arabes qui nous entourent. Mais il faut que nos généraux d'Afrique, tous jeunes aujourd'hui, tous pleins d'énergie, d'activité et de gloire, abandonnent, pour un temps indéterminé, les bonnes villes du littoral où la plupart ont leur résidence, et qu'ils aillent camper au-delà de la ligne de partage du Tell, le long du vaste espace qui s'étend de l'ouest à l'est, depuis Tlemsen et Bel-Abbès jusqu'à Guelma et Souq-Ahras, du côté nord; et depuis Sebdou et Daya jusqu'à Batna et Tebessa, du côté sud. Ils auront, dans cette position toute centrale, la possibilité de se transporter avec leur cavalerie, dans un même et court espace de temps, aux limites est, ouest et sud de nos possessions, et d'étouffer dans son germe tout commencement de révolte un peu sérieux. Placés entre une double ligne de villes ou postes bien approvisionnés, leurs ravitaillements seront des plus faciles et leurs lignes d'opérations des plus sûres. Ils devront surtout, et sans que cela puisse nuire à l'exécution des ordres du général en chef, être autorisés, chacun dans l'étendue de son rayon, à une liberté d'action qui leur permette toute initiative jugée par eux d'accord avec la sécurité du pays. Qu'en même temps, au nord, les points les plus vulnérables de nos côtes soient suffisamment armées; que toutes les milices soient mises sur le pied de service permanent et sous les ordres de commandants de place éprouvés; que dans toute ville et village du littoral ou de l'intérieur, tout adolescent, tout vieillard soit pourvu d'un fusil, et que dans nos campagnes mêmes, nos vingt (1) mille âmes de po-

(1) Il résulte d'un travail de statistique tout récent que la po-

pulation agricole ne soient plus, comme elles le sont encore aujourd'hui, à peu près désarmées. Nos courageuses populations suffiront alors, nous osons l'assurer, à repousser toute agression de l'ennemi, comme a pu le faire si courageusement, en 1845, contre Bou - Maza, lors de l'insurrection du Dahra, la population si énergique de Mostaganem. — Qu'à cet ensemble de mesures, d'une exécution si facile, on ajoute le désarmement de tous les indigènes des villes, l'armement et l'approvisionnement en vivres et munitions de toutes nos places, surtout de celles qui sont situées à l'extrême sud de nos possessions, telles que Gériville, Laghouat, etc., et de celles de l'ouest, où devront se porter le plus de vigilance et se concentrer le plus de moyens d'action, nous osons répondre alors qu'en de telles conditions de défense, l'Algérie sera mise à l'abri du plus petit danger.

III.

Quinze mille hommes de cavalerie nous paraissant une force indispensable pour assurer, par la rapidité de son action, le succès du plan que nous venons de développer, nous demandons à ce que, dans ce chiffre, l'arme irrégulière des spahis soit augmentée du double de son effectif. Notre cavalerie indigène est la seule qui, en vue des événements graves que nous conjecturons, nous paraisse la plus propre au service de colonne volante, à celui de flanqueur, d'éclaireur et de courrier, jugés si nécessaire dans une campagne de cette nature; celle surtout qui peut le mieux supporter et au besoin s'imposer les plus grandes privations matérielles; celle enfin qui, par sa connaissance du pays et son flair infaillible peut, le jour comme la nuit, suivre et retrou-

pulation agricole de l'Algérie, prise en masse, s'élève à 45,000 âmes. En déduisant de ce chiffre, celui de 25,000, pour faire la part des gros villages, nous croyons le chiffre de 20,000, acceptable pour la campagne proprement dite.

ver facilement la trace de l'ennemi poursuivi. Mais peut-être, nous objectera-t-on, qu'avec tant de cavalerie indigène, nous risquons de tomber dans la faute qui a si grandement contribué à mettre, il y a trois ans, la puissance de l'Angleterre dans l'Inde à deux doigts de sa perte. Vos spahis, va-t-on nous dire, seront alors les cipayes de l'Algérie, et vos turcos, déjà si nombreux, feront le pendant de l'infanterie anglo-indienne; vienne une occasion propice, spahis et turcos vous trahiront et vous égorgeront, s'ils le peuvent, à qui mieux mieux. Nous ferons observer, à notre tour, que dans cette immense révolte de l'Inde anglaise, l'or des radjas a bien plus fait encore pour la défection des troupes indigènes que tous les efforts de délivrance sourdement tentés par les chefs religieux au nom du mahométisme ou du boudhisme : or, quels sont en Algérie les chefs indigènes assez riches pour corrompre nos turcos et nos spahis? On en compte à peine deux par province, et, fussent-ils plus nombreux, leur incurable avarice et les coûteuses maisons que presque tous ils possèdent dans nos villes, nous répondraient d'eux sous ce rapport. Nous le répétons, l'influence religieuse sur les masses arabes est seule à redouter pour nous; seule elle pourrait, par les prédications de quelques jongleurs complices d'un imposteur adroit comme il en naît si souvent, préparer la venue d'Abd-el-Kader, si nous n'y mettons ordre. Et puis, quelle différence dans la constitution des armées des deux pays : l'élément indigène qui entrait pour une si grande proportion dans l'armée anglo-indienne, n'entre que pour une proportion bien minime dans notre armée d'Afrique. Il y a plus, notre infanterie indigène ayant déjà donné d'incontestables preuves de sa bravoure, une première fois en Crimée, une deuxième fois en Italie, rien ne serait plus utile, ce nous semble, que d'en débarrasser l'Algérie à un moment donné, pour l'incorporer dans une de nos armées combattantes d'Europe, en la remplaçant aussitôt par des troupes de ligne. Cette mesure, si simple dans son exécution, aurait un double résultat dont l'importance ne saurait échapper au plus simple bon sens ; nous nous débarrasserions, en effet, d'un élément de combat de fidélité suspecte en Afrique, pour le transporter sur un terrain où, à l'abri de toute velléité de révolte, il ne pourrait être que fort utile. En demandant, au contraire, l'augmentation de la cavalerie indigène, nous ne prétendons, en aucune façon, qu'on veuille bien ne pas s'y tromper, donner à cette arme le mérite de la fidélité que nous refusons aux turcos. Nous ne prétendons aucunement non plus lui donner plus d'importance qu'elle n'en mérite ; elle a certainement, comme nous l'avons dit plus haut, son incontestable supériorité dans l'action de détail, isolée, individuelle, mais elle n'a pas et ne peut avoir, comme esprit de discipline, amour du drapeau, cohésion et solidité, l'incontestable valeur de notre cavalerie régulière, notamment de nos braves chasseurs d'Afrique. Nous voulons seulement, les régiments de spahis se prêtant admirablement au fractionnement de leurs escadrons, que chaque commandant de colonne, si faible que soit sa colonne, en ait toujours un détachement sous la main pour se mettre en communication constante avec les troupes voisines, avec les points intermédiaires de sa ligne d'opération et se garder surtout contre toute surprise, en démêlant par leur intermédiaire, s'il y a lieu, à travers les apparences toujours amicales de nos ennemis, tout mauvais dessein contre nous. Le spahis, nous l'avons dit, est éminemment propre à l'action personnelle : guide sûr, adroit et expérimenté, il saura toujours indiquer du doigt, à ceux dont il dirige la marche, les embûches qui pourraient avoir été dressées sur la route suivie. Seul il pourra, si nos lignes télégraphiques sont détruites, à l'aide de son burnous blanc, assurer la correspondance de nos commandants de colonnes aux quatre points cardinaux de l'Algérie. En employant aussi utilement une notable partie de nos spahis, nous nous dégagerons du douteux appui de ces incommodes et très médiocres cavaliers auxiliaires connus sous le nom générique de *goum*, lesquels, bien certainement, ne manqueraient pas de nous trahir à la première occasion, aucun intérêt, aucun lien n'étant là pour nous garantir leur fidélité ; tandis que les spahis, en admettant, — non sans restriction, — que l'habitude de l'obéissance vis-à-vis de chefs craints et respectés n'ait fait naître en eux aucun esprit de discipline ; en admettant au pis aller que d'excellents cadres bien éprouvés, n'aient point encore la force nécessaire pour les contenir, leurs femmes, leurs enfants, leurs bestiaux, leurs gourbis, tous ces biens précieux, laissés derrière eux dans les smalas d'escadron, seraient autant d'ôtages qui nous répondraient de leur bonne volonté et de leur vigueur.

Nos trois régiments de cavaliers indigènes se trouvant aujourd'hui dispersés par groupes plus ou moins forts sur toute la surface de l'Algérie, soit pour assurer auprès des bureaux arabes concurremment avec les *dayras*, ou cavaliers bleus, l'exécution des ordres de toute nature émanant d'une administration aussi compliquée, soit encore pour faire, dans beaucoup de localités, le service toujours si pénible de courrier de la poste, il devient tout à fait impossible de masser, sur quelque point que ce soit de notre territoire, avec ses seuls éléments respectif, un escadron ayant plus de la moitié de ses hommes. D'où il résulte que, pour satisfaire à la fois aux besoins existants et à ceux qu'amènerait la création de nombreuses colonnes mobiles, l'augmentation de l'effectif des spahis serait chose urgente; il devrait être porté au chiffre de trois cents hommes par escadron. Supprimant alors les *dayras* qui, mieux disciplinés, feraient d'excellents spahis et seraient avantageusement suppléés par ceux-ci auprès des bureaux

arabes (1), nous obtiendrions par cette mesure une économie réelle en même temps que l'avantage de nous
attacher des hommes qui, sans cela, ne nous inspire-
raient pas une plus grande confiance à l'occasion, que
les cavaliers des goums dont nous avons parlé plus
haut.

Deuxième partie.

I.

La demande d'augmentation de l'effectif des spahis
que nous venons d'énoncer à la fin de la première partie de ce travail, touche en bien des points à une question des plus délicates et toute frémissante encore des
attaques acharnées qu'elle a soulevées. Est-ce bien, en
effet, au lendemain d'une croisade entreprise par une
prétendue réforme contre le régime absolu des bureaux
arabes, qu'il convient de s'appuyer sur la nécessité de
leur conserver tout un appareil de force armée pour
justifier d'un si grand besoin de spahis? Les bureaux
arabes, depuis le trop célèbre procès d'Oran, ne sont-
ils pas jugés et condamnés par le verdict de l'opinion?
Et alors le décret qui sanctionnerait la mesure que nous
proposons, ne risquerait-il pas d'être très prochaine-
ment suivi d'un décret d'abrogation, résultat naturel de
la suppression définitive d'une institution si décriée et
dont on ne veut plus? Double et profonde erreur! Les
bureaux arabes n'ont jamais été plus utiles et plus nécessaires qu'en ces temps-ci, où le découragement, qui
pèse de tout le poids d'une calamité sur l'esprit de nos
populations, les poussant en grande partie vers la
terre natale, en a éclairci les rangs à tel point que l'ap-

(1) Pourquoi, — chose bizarre, — deux cavaliers équipés, ar-
més de même, mais habillés si différemment, pour faire le même
service? L'économie, dira-t-on; le dayra coûte moitié moins
que le spahis. — Oui, — mais il est moitié moins prompt à obéir
et son cheval est moitié plus maigre.

plication une et entière de l'administration civile, comme l'entendent ses très zélés partisans, serait pour les trois quarts de l'Algérie, créer plus d'administrateurs qu'il n'y a d'administrés.

Les bureaux arabes, qu'on a si passionnément attaqués dans ces derniers temps, le savaient bien ; aussi ont-ils pu, dans leur conviction bien légitime qu'on aurait encore longtemps besoin d'eux, laisser passer sans s'émouvoir le flot d'invectives sous lequel on a cherché avec tant d'injuste haine à les engloutir ; ils n'ont opposé, par respect humain, à des clameurs jalouses, sciemment hostiles et qui devaient sitôt s'éteindre dans leur propre épuisement, que le froid mépris du silence! Loin de nous la prétention d'absoudre les bureaux arabes des quelques abus qu'on leur a si durement et si peu charitablement reprochés; mais comment ne concevrions-nous pas, ne trouverions-nous pas logique, si non excusable, qu'une administration aussi indépendante, dégagée de tout contrôle judiciaire et financier, du moins jusqu'en 1858, et ne relevant que de l'autorité supérieure militaire, qui, bon gré mal gré, lui laisse en bien des cas la plus grande latitude, ait pu être entraînée à quelques écarts isolés, personnels après tout, et n'incriminant aucunement, quoiqu'on en ait dit, l'administration elle-même, dont il serait souverainement injuste et déraisonnable de faire, comme on l'a voulu, une sorte de bouc émissaire du triste état de langueur dont souffre notre colonie. Tout homme véritablement impartial et sincèrement attaché à l'Algérie, verra au contraire, comme nous, dans les bureaux arabes, une institution qui, dès son début, au milieu des difficultés sans nombre résultant d'un état de conquête incomplet, incompatible avec le tempérament formaliste et modéré du pouvoir civil, a pu néanmoins, par l'énergie et la rapidité de son action, épargner à notre colonie les mille lenteurs dont

tout autrement elle aurait souffert dans sa marche vers
l'établissement complet de notre autorité sur les indigènes : une institution d'où sont sortis la plupart des
vaillants généraux qui ont fait et font encore l'orgueil
de la France ; enfin une institution qui a toujours été
et est encore aujourd'hui composée d'officiers généralement intelligents et instruits, suffisant ; malgré leur
jeunesse, par une incessante activité, aux besoins ad-
ministratifs de toute nature, comme au maintien de la
tranquillité politique des immenses populations placées
sous leur main. Et, dans des conditions d'une utilité aussi
avérée, faire table rase des bureaux arabes, comme la
proposition en a été follement faite alors qu'ils ne fonc-
tionnaient ni plus ni moins utilement qu'aujourd'hui,
pour leur substituer l'administration civile dans son entier, et, lorsque les prémisses de celle-ci sont loin d'a-
voir reçu encore la sanction de l'expérience, ne serait-
ce point, à notre sens, se tromper pour le moins d'un
quart de siècle ?

II.

Pour établir nettement et sans aucune prévention,
e nous allons essayer de le faire, le bilan de notre
, en mesurant la grandeur des sacrifices faits à
esse des résultats obtenus, nous aurons soin de
stenir de toute investigation dans le domaine de
il sophie de l'histoire pour arriver à prouver par
action et la synthèse, à l'exemple de beaucoup d'é-
ains, que nous ne sommes ni ne pouvons être un peuple colonisateur. Nous éviterons surtout ces comparai-
sons, si peu nationales, qui découlent d'une pareille
méthode et dont la pitoyable logique ne tend à rien
moins qu'à éterniser, en France comme en Algérie,
surde préjugé selon lequel nous serions, en matière
lonisation, — non comme gouvernement mais bien
e individu, — dans l'échelle des êtres pensants, à

un degré au-dessous des Romains de la période dioclé-
tienne ou des Anglais puritains du xviie siècle. Ne nous
élevant pas au-dessus du terre à terre des faits réels,
nous examinerons un à un les obstacles nombreux qui
se sont successivement dressés au-devant de notre colonisation pendant le long espace de vingt-neuf ans déjà
parcouru par notre conquête, et qui, nés d'un manque
absolu de sollicitude et de bon vouloir d'un côté, de
mesures intempestives de l'autre, ont le plus contribué
à mettre l'Algérie dans l'état où elle se trouve aujour-
d'hui. Nous croyons avec tout le monde qu'une entreprise, quelle qu'elle soit, a besoin dès son debut, pour
réussir, des-faveurs de la fortune; sinon elle languit,
périclite, se débat de longues années dans des efforts
stériles, et finit par succomber, à moins qu'un redou-
blement d'efforts, d'énergie et de sacrifices désespérem-
ment tenté, à l'exemple de ce grand artiste florentin qui,
voyant la matière en fusion sur le point de manquer
pour sa statue, jeta courageusement dans le creuset sa
vaisselle d'or et d'argent, ne vienne à la sauver.

La première et la plus essentielle des conditions pour
peupler un pays reconnu fertile, partant colonisable, é-
tant de s'en assurer le plus vite possible la tranquille
possession pour inspirer toute confiance et toute sécurité aux émigrants, nous demanderons si, depuis 1830
jusqu'à l'époque où l'émir Abd-el-Kader fut repoussé
vers le Maroc, le gouvernement de Juillet, à part l'es-
sai des colonies militaires du maréchal Bugeaud, rendu
stérile par l'opposition violente d'un certain parti, a fait
autre chose par son indifférence et l'envoi successif de
tous les princes royaux à la tête de nos troupes ou du
gouvernement de nos provinces, que de laisser s'invé-
térer dans le public l'opinion si funeste à nos progrès
coloniaux, qu'il entretenait sciemment l'état de guerre
en Algérie? Nous demanderons pourquoi, si comme

nous le croyons, une aussi coupable intention n'a pu
exister, le gouvernement qui s'en savait accusé par l'o-
pinion, n'a pris, pour se disculper et faire revivre la
confiance, aucune de ces mesures énergiques qui, étant
pour une colonie frappée de paralysie ce que serait pour
le corps humain, pris dans le même ordre d'idées, l'application de vigoureux topiques, aurait tout ranimé et
donné sans doute à l'émigration algérienne l'activité et
l'essor qui, pendant ce long espace de temps, lui ont
toujours si complètement fait défaut. Pourquoi, avant
la bataille d'Isly comme avant l'odieux massacre de
Sidi-Brahim, alors que la paix dont nous jouissions en
Europe avait tout le caractère d'une éternelle durée, n'a-
voir pas envoyé vingt, trente mille hommes de plus en
Algérie pour enfermer l'insaisissable Abd-el-Kader dans
un cercle de feu, d'où il n'aurait pu, comme la sala-
mandre antique, s'échapper, malgré son grand renom
d'invulnérabilité. Les Chambres d'alors, si hostiles à notre colonie, ne l'auraient pas voulu ou l'auraient si fort
blâmé, nous dira-t-on, que persister eût été s'exposer
au danger d'affaiblir la majorité ministérielle, cette force
que le gouvernement ne dirigeait qu'à l'aide des plus
prudents ménagements à l'endroit des intérêts matériels
dont elle avait le monopole. C'était bien trop déjà, aux
yeux de nos conservateurs d'alors, qu'une armée de soi-
xante mille hommes permanente en Algérie, ayant coûté déjà tant de millions à la France pour ne lui donner
en retour que les vaines fumées de la gloire, et devant
fatalement aboutir, tôt ou tard, à un état de prospérité
fort peu du goût de ces chauds partisans de l'immobi-
lité politique, qui jusqu'alors les faisait maîtres absolus
de l'agriculture, de l'industrie et du commerce de la
nation. Ensuite, ne fallait-il pas ménager l'amour-pro-
pre des princes-généraux et, par conséquent, s'abstenir
d'envoyer une si grande masse de soldats pour vaincre
un seul homme, alors que le fils de Mehemet-Ali, ce

prince à demi-barbare, mettait en déroute, à Nezib, toute l'armée turque? Déplorons amèrement d'aussi petits, d'aussi égoïstes calculs. Déplorons à jamais surtout cette excessive faiblesse d'un gouvernement qui, animé peut-être de meilleures intentions à l'endroit de l'Algérie, a pu reculer pour leur donner suite devant les craintes du *veto* de quelques marchands enrichis.

Les événements de 1848, qui détruisirent un gouvernement si peu soucieux des intérêts algériens, parurent à tous nos colons comme l'annonce d'une ère de prospérité assurée. Pure illusion ! car il ne fut rien moins question, parmi quelques membres de l'Assemblée nationale, que d'abandonner un pays qui n'avait toujours été pour la métropole qu'une lourde cause d'embarras et la plaie la plus vive de son budget financier.

Survinrent les terribles événements de juin, qui donnèrent lieu, par suite d'impérieuses mesures politiques, à la création de nombreux villages agricoles, sur lesquels furent dirigées ces légions de colons inexpérimentés qui s'abattirent sur nos champs, non pour les exploiter, mais s'y coucher tout du long le ventre au soleil, à l'exemple des lazzaroni napolitains, en se contentant philosophiquement, pour ne pas mourir de faim, de l'humble subsistance que leur distribuait régulièrement et chaque jour l'administration militaire. Quant à s'occuper de culture, quatre-vingt-dix sur cent de ces colons improvisés, en étaient complètement incapables, par inaptitude, dégoût, paresse naturelle ou faiblesse physique. De tous les individus qui nous furent envoyés à cette orageuse époque, deux cents à peine sont restés en Algérie; tous les autres ont été tués par la fièvre ou l'absinthe, ou sont rentrés en France peu à peu ; — et, chose singulière, le retour de ceux-ci dans la mère-patrie, a été beaucoup plus funeste à notre colonie que leur court et oisif séjour parmi nous. N'ayant pu voir, en effet, dans l'Algérie, par le fait d'une situation violemment imposée, qu'un lieu d'exil, une sorte de Cayenne amoindrie, et non, comme le gouvernement d'alors avait paru en avoir la singulière illusion, une terre de promission, ils en sont partis le cœur gonflé des plus implacables ressentiments ; sous leur influence ils n'ont pas manqué de peindre l'Algérie avec les couleurs les plus sombres, disant à tous et partout, de la meilleure bonne foi du monde, qu'on ne pouvait y travailler et y vivre que sous l'incessante et triple crainte de la fièvre, de la dent des bêtes féroces et du yatagan des Arabes ; ajoutant, comme dernier coup de pinceau à ce tableau si peu riant, que le sabre de nos officiers, comme celui de nos prédécesseurs les Turcs, y tenait lieu de toute espèce de code. Peu de temps avant, en 1846 et 1847, avait eu lieu l'émigration d'indigents qui, se traînant péniblement et en tendant la main à la charité publique, depuis les rives du Rhin jusqu'à nos ports d'embarquement, devaient sitôt faire naître au cœur de notre colonie, le hideux ulcère de la mendicité et du paupérisme ! Ceux qui ont vu, comme nous, entassés pêle-mêle sur le pont d'un des vapeurs partant de Marseille pour l'Algérie, ces familles entières d'émigrants à peine vêtus, comptant toutes deux, trois et quatre enfants en bas âge, comprendront que la population algérienne ainsi recrutée ne pouvait, sous l'influence de mille causes délétères, que languir et décroître au bout de fort peu de temps (1).

Le coup d'État de 1852 et la proclamation de l'Empire, qui furent deux événements si heureux pour la

______

(1) Le village de la Stidia, près de Mostaganem, si vite peuplé à cette époque, n'avait plus déjà, en 1851, qu'une vingtaine d'habitants, se livrant, non à l'agriculture, mais à la fabrication du charbon qui, seule, les empêchait de mourir de faim.

France, portèrent un nouveau coup à notre colonisation par l'envoi en Algérie des condamnés politiques de cette époque. Soit comme transportés dans nos colonies pénitentiaires, soit comme internés dans nos villes de l'intérieur, comme les insurgés de 1848, les transportés de 1852 ont été, à leur rentrée en France, sous l'influence des mêmes mobiles, autant et plus qu'eux peut-être, funestes à notre colonie. Chacun d'eux, embouchant à sa manière la trompette d'alarme, a contribué, dans la mesure de ses propres rancunes, à détruire le peu de confiance que pouvaient encore avoir dans les destinées de l'Algérie les populations rurales de beaucoup de nos départements du Midi. Il faut encore ajouter à d'aussi puissantes causes de discrédit l'effet si fâcheux produit, en 1853, par la publication du livre de M. le docteur Baudin, que tout le monde connaît, et dans lequel cet honorable savant, cherchant à démontrer *ex-professo* que la race européenne ne peut ni s'acclimater ni vivre en Algérie, a donné, par l'autorité de son nom, à cette fausse et funeste doctrine une publicité si grande, qu'aujourd'hui même encore, malgré le démenti de l'expérience, elle compte de nombreux croyants.

Si nous examinons la question sous un plus grand jour, nous verrons, comme se reliant aux mêmes causes, dans la découverte des plaines aurifères de la Californie, le mobile puissant de ce mouvement sans fin qui, s'étendant aux quatre coins de l'Europe, a formé l'irrésistible courant d'émigration qui n'a pas peu contribué, pendant nos dix dernières années, au délaissement qui affecte si profondément l'Algérie. Si, à toutes ces causes d'un abandon trop réel et qui marquent, pour ainsi parler, chacune des étapes qu'a péniblement suivies l'Algérie dans sa marche, nous ajoutons, comme nous l'avons dit beaucoup plus haut, les inquiétudes , les troubles causés à l'agriculture et au commerce par les guerres de Crimée et d'Italie, nous aurons embrassé dans cet examen impartial et sommaire la série des faits réels dont les résultats funestes ont contribué, dans une très grande mesure , à pousser l'Algérie dans l'impasse où elle se débat vainement depuis tant d'années et d'où, nous le craignons avec trop de raison , tous les efforts déjà tentés par une administration nouvelle, zélée, consciencieuse, mais dont le temps n'était pas encore venu, seront impuissants à la faire sortir.

III.

A être considérée sous un autre aspect que celui de l'incontestable évidence des faits dont nous venons de faire l'énumération rapide, l'Algérie, si nous osons nous permettre de l'examiner à travers le sens arbitraire de l'idée, nous paraît être en principe : *trop près située de la France* pour n'avoir pas, ce qui a tout d'abord l'air d'un paradoxe, plus souffert que profité jusqu'ici de ce voisinage. Si nous ajoutons que le transport purement gratuit dans notre colonie, assuré par aller et retour, à tous les émigrants nationaux ou étrangers embarqués dans nos ports de France, a la plus grande connexité avec cet inconvénient géographique, nous aurons posé les termes d'un problème dont nous allons essayer de donner la solution.

Lorsque parmi les deux cent mille âmes que compte aujourd'hui notre colonie, nous voyons le groupe français ne pas arriver à la moitié de ce chiffre, et qu'il faut y comprendre le personnel déjà si nombreux de l'administration civile ; lorsque nous réfléchissons surtout que, depuis le commencement de notre conquête, près de cinq cent mille Français ont mis le pied sur nos rivages, que faut-il conclure d'une telle opposition de

chiffres, sinon que le trop peu d'éloignement de la France,
par rapport à notre colonie, se combinant avec l'extrême
facilité d'y venir et d'en repartir *ad libitum* et sans frais,
moyennant un certificat d'indigence toujours accordé,
n'a pu que favoriser outre mesure le découragement de
nos colons, en leur laissant entrevoir comme toujours
possible et facilement réalisable leur retour au pays.
Combien d'hommes à leur tour, poussés par le seul mobile de la curiosité, ont également mis à profit la libé-
ralité de l'État pour visiter une contrée qui n'existant,
ne pouvant encore administrativement exister que par
le pouvoir militaire, leur a fait, sitôt après leur retour
en France, anathématiser dans des écrits conçus sans
raison, ce même pouvoir dont pourtant, quelques
mois avant, ils avaient été pour la plupart très heureux
de retirer maints petits avantages fort utiles au transport de leur personne à travers nos villes, en même
temps que profitables à leur bourse. Quels projets n'ont-
ils pas détruits! Quelles illusions n'ont-ils pas fait éva-
nouir par toutes sortes de déclamations contre un état
de choses qui, dépassant leur portée, leur a fait décrire
l'Algérie comme une terre où chaque coup de pioche de
nos colons était réglé sur la batterie cadencée d'un tam-
bour de régiment! Ah! si l'Algérie, au lieu d'être si rap-
prochée de la France, en était au contraire séparée de
toute la largeur de l'Océan, peut-être bien qu'alors tous
ces messieurs qui, par simple et pure curiosité, sont
venus jusqu'à nous, auraient reculé devant une si longue navigation, par la peur d'un naufrage, de la dent
de quelque requin ou du triste sort de l'infortuné Jonas!
Peut-être qu'alors, aussi, tant de colons que la France
a bien voulu ramener si généreusement à ses frais, ré-
fléchissant à ces mêmes dangers et imitant l'exemple de
tant de leurs frères partis pour l'Amérique, qui, bon
gré malgré, ont dû rester où ils étaient, faute d'argent
pour s'en revenir, auraient courageusement persisté

dans la voie du travail qui, tôt ou tard, les en aurait infailliblement récompensés.

L'Algérie est toujours, grâce à Dieu, comme on l'a dit souvent : *un vaste champ où toutes choses sont à exploiter*; ses immenses plaines si fertiles, ses nombreuses montagnes, si riches au point de vue métallurgique, se prêteront merveilleusement à toutes sortes d'essais agricoles et industriels ; ses marais sont presque partout desséchés et les conditions générales de son climat, si funestes dès les premiers jours de notre occupation, se sont considérablement modifiées et adoucies. Sous de tels auspices, qu'a-t-il toujours manqué, que manque-t-il encore à l'Algérie pour progresser? Une seule chose, mère de toutes les autres : *la confiance des émigrants*. En vain nous dira-t-on que cette confiance ne lui a pas fait défaut depuis 1853, alors que le mouvement ascendant des populations de nos villes débordant de tous côtés, rendait l'accès des loyers si difficile ; qu'elle est écrite, marquée par de nombreux villages et établissements agricoles créés, fondés par la compagnie genevoise suisse ; par des essais d'une nature analogue tentés par l'émigration franc-comtoise, de la Haute-Saône, comme aussi par la société dite du Var; que quelques capitalistes intelligents réunis par le sentiment de l'association le plus louable ont à leur tour fondé plusieurs villages, moyennant cession d'immenses terrains à eux faite par l'État; qu'en outre de tant d'exemples, l'esprit d'entreprise semblait vouloir s'étendre à l'Espagne, qui déjà projetait de fonder un établissement copié sur celui de la compagnie de Setif; nous ne pouvons voir, quant à nous, dans tant d'essais malheureux, qui n'ont laissé partout que la ruine, la misère et l'abandon, que des efforts purement isolés, nés de l'esprit de spéculation et d'aventure, et n'impliquant, après tout, qu'un très faible degré de confiance de la part de nos compa-

triotes, qui se sont trop généralement abstenus d'y con-
courir ; or, en matière de colonisation, d'où peut naître
la confiance des émigrants, nous le demandons, si le
plus grand exemple n'en est donné par la nation la plus
particulièrement intéressée ?

Les dernières et audacieuses agressions de quelques
tribus marocaines, sitôt et si rudement châtiées, sont
encore venues augmenter, à bon droit, la défiance que
nous déplorons, en laissant voir trop clairement que, si
elles avaient eu lieu quelques jours plus tôt, pendant
que nous étions en pleine guerre avec l'Autriche, c'est-
à-dire quand nous n'avions guère plus de neuf à dix
mille hommes de troupe pour nous défendre, nous au-
rions eu indubitablement toute une grosse insurrection
sur les bras. Aujourd'hui encore, la position respective
des divers états de l'Europe est loin de présenter, sous
le rapport politique, une sécurité très grande et peu
faite, par conséquent, pour qu'en France comme ail-
leurs les doutes ne soient pas permis à l'endroit de notre prospérité future. Mais si, comme il faut l'espérer,
les difficultés si nombreuses et si grandes qui résultent
d'un tel état de choses, sont résolues comme nous le dé-
sirons à l'avantage d'une paix solide et durable, il faut
alors, coûte que coûte, relever le courage abattu de nos
colons, ranimer la confiance des émigrants, et, pour at-
teindre un tel but, ne pas marchander les sacrifices :
aux grands maux les grands remèdes ! — Et si l'Algérie a déjà coûté près de deux milliards et demi à la
France pour aboutir, après trente ans d'efforts et d'essais de toute nature, à sa situation actuelle qu'importe
qu'il faille lui sacrifier quelques centaines de millions
de plus, si, par ce dernier et suprême effort, elle peut
être arrachée à son atonie et rendue assez forte, assez
laborieuse, assez prospère pour donner dans dix ans à
la France autant et peut-être le double de ce qu'elle
lui aura coûté !

Si donc nous raisonnons en vue d'une paix solide et durable, qui sera, espérons-le, la juste récompense des efforts constants que fait notre Gouvernement pour l'obtenir, il faudrait, dans cette hypothèse, porter à cent mille hommes notre armée d'Afrique. La France, — en tant qu'elle reste en paix avec l'Europe, — peut aujourd'hui, nous en sommes convaincu, être parfaitement gardée de tout péril à l'intérieur avec une armée de deux cent mille hommes. Son double réseau de lignes télégraphiques et de voies ferrées, qui lui permet de connaître à la minute l'état politique des villes les plus éloignées, en même temps que le transport rapide de ses régiments sur tout point remué par l'esprit de faction, lui rendra ce sacrifice facile. A l'aide d'un aussi puissant levier et en mettant à exécution les mesures très simples que nous allons oser nous permettre d'indiquer, on arriverait, nous en avons la conviction, à rendre l'Algérie florissante au bout de fort peu de temps.

Entreprendre simultanément par le nord et le sud de notre colonie, les travaux d'utilité publique reconnus les plus nécessaires, tels que routes, caravansérails, puits ou fontaines d'abreuvoir, pour arriver, en partant de ces deux limites extrêmes, au point de rencontre naturellement indiqué par la ligne médiane du Tell; c'est ce qu'il a toujours été impossible de faire jusqu'à présent, faute d'une armée assez nombreuse pour protéger et seconder de tels travaux, et faute aussi d'allocations budgétaires suffisantes. Cependant deux milliards et demi dépensés sont un fort joli capital! Oui; — mais ces deux milliards et demi, alloués parcimonieusement et peu à peu, n'ont pu, ne pouvaient suffire à produire rien de bien complet, surtout appliqués à mille détails de nature opposée et s'éloignant de tout but de convergence. Mais si, pouvant disposer d'une armée et de fonds considérables, nous répartissons la première de la manière suivante, savoir : vingt mille hommes occupant notre ligne du Sud, depuis Gériville jusqu'à Tebessa ; trente mille celle qui limite le Tell, depuis Saïda jusqu'à Souq-Ahras, et cinquante mille placés au centre de nos possessions, depuis Tlemsen jusqu'à Guelma ; que nous consacrions les seconds à l'exécution rigoureuse des travaux que nous avons indiqués, en faisant le plus fréquent usage possible de la main-d'œuvre militaire sans préjudice aucun de la main-d'œuvre civile, nous osons répondre alors d'une marche rapide et assurée vers le but poursuivi. Les émigrants, accourant de tous les points de la France et de l'Europe, à la nouvelle d'un aussi puissant effort pour mettre l'Algérie en voie de salut, rendront vite possible, par leur accroissement chaque jour plus grand, l'opération si délicate du cantonnement des Arabes, dont avec raison nous pourrons, mais seulement alors, attendre le plus grand bien. Ici, nous devons dire que nous voulons, qu'il n'y ait plus, dans notre système, pour les villes du littoral, mais du *littoral* seulement, jusqu'en des temps plus prospères, qu'un pouvoir administratif : le pouvoir civil dans toutes ses attributions et toute sa vigueur. Nos généraux, devant tout naturellement précéder leurs divisions sur les points indiqués plus haut, ces mêmes villes ne devant plus avoir alors pour se garder que leurs propres milices, — force bien suffisante, — l'application une et entière du nouveau système pourra se faire sans secousse ni froissement. Peu à peu, et à mesure que le nouvel essort imprimé à la colonisation prendra plus de développement, le pouvoir civil, s'avançant lentement vers le Sud, prendra successivement possession de tous les territoires qui, jusqu'à la zône sablonneuse du Sahara algérien, auront été vivifiés et peuplés par nos infatigables soldats et les courageux efforts des nombreux travailleurs accourus de tous les points du globe.

Chaque régiment représentant un capital essentielle-
ment mobile, qui, contrairement au résultat des opérations de banque, profite moins à la main qui donne qu'à
la main qui reçoit, une armée de cent mille hommes
assurera à l'Algérie, outre la force indispensable pour
mener à bien l'opération extrêmement difficile du cantonnement, une ressource financière qui, considérablement augmentée du produit des journées de travail,
donnera naissance à une foule d'industries et d'entre-
prises dont pourront profiter des milliers de colons. Jamais cette grande vérité d'économie politique : Qu'un
seul régiment suffit quelquefois à faire vivre la moitié
de la population d'une ville, n'aura eu plus qu'ici une
application juste et nécessaire. Les travaux si utiles que
nous avons indiqués plus haut, ainsi que le cantonnement des indigènes, une fois terminés, nous croyons la
présence de l'armée encore nécessaire jusqu'à ce que
les centres de population européenne soient devenus
assez nombreux, assez peuplés, surtout assez rappro-
chés les uns des autres, pour que chacun de nos colons,
rassuré par l'épaisseur des murailles de son village et le
grand nombre de ses voisins, puisse se coucher le soir
aussi exempt d'inquiétude, que s'il était encore dans
son pays natal.

IV.

Nous nous résumons :

Démontrer à quels graves dangers pourrait se trou-
ver exposée notre colonie dans le cas d'une nouvelle
guerre en Europe; indiquer ensuite les différentes mesures qui, bien combinées, pourraient la mettre à l'abri de
tout péril. Retracer, après cette première étude, les différentes causes du malaise qui affectent si profondément
l'Algérie, en faisant suivre cet examen rapide des considérations et moyens qui nous paraissent les plus pro-

près à la remettre en voie de salut, tel est le but que nous avons poursuivi à travers le long développement de notre pensée, d'accord en cela avec l'inquiète préoccupation qui est aujourd'hui dans presque tous les esprits.

A défaut de tout mérite, notre humble travail portera du moins l'empreinte modeste de l'à-propos.